LE PANORAMA

NATUREL,

OU PROMENADE AUTOUR DU PUY DE MONTON.

LE PANORAMA
NATUREL,

OU PROMENADE AUTOUR DU PUY DE MONTON,

BOURG DE LA LIMAGNE D'AUVERGNE;

OPUSCULE,

PAR JACQUES BERNARD, Officier retiré.

Ut pictura poesis.
HORAT.

CLERMONT-FERRAND,

DE L'IMPRIMERIE DE PIERRE LANDRIOT.

1816.

INTRODUCTION.

A un petit ouvrage il faut une petite préface. Si j'ai un lecteur, je lui dirai le plus laconiquement possible, que, me promenant un beau jour du mois de juin sur le puy de Monton, bourg de la Limagne, où je suis retiré, mon imagination s'enflamma devant la belle campagne que je voyois autour de moi, et qui me présentoit un panorama naturel. Sur ce point élevé, je me crus quelque chose, et je formai le projet de peindre en vers le tableau cylindrique que j'avois sous les yeux. J'ai toujours aimé à lire les ouvrages fleuris de Delille : je les ai relus sur le sommet du pays que j'habite aujourd'hui, près des lieux qui lui ont fourni des souvenirs. Ses beaux vers résonnant toujours à mon oreille, j'ai eu la hardiesse, à la vue du paysage qui m'environnoit, de dire, comme ce peintre : *Anche io sono pittore.* J'ai pris mes crayons, et j'ai dessiné. Si mes vers ne sont pas bons, ils ont au moins coulé de source. Dans mon tableau, sans viser à l'exactitude, j'ai cependant cherché à suivre une sorte de marche.

Partant de Monton, je suis d'abord descendu à

Orcet. De là, je me suis rendu au Pont-du-Château, en suivant les flots de l'Allier. N'apercevant plus sur ce point qu'une perspective éloignée, je suis revenu sur mes pas, et faisant une conversion à droite, j'ai désigné plusieurs pays qui se trouvent sur les bords de l'eau. Toujours en remontant, j'ai côtoyé les bois de Vic-le-Comte; ensuite j'ai traversé la rivière : j'ai peint les Martres, Veyre et Montpeyroux. J'ai parcouru les plaines de la Sauvetat; et continuant ma promenade circulaire par Saint-Sandoux, Tallende et Saint-Amand, j'ai vu le Mont-d'Or au bout de l'horizon. Me reportant en arrière, j'ai visité le Crest, la Roche-Blanche, Gergovia, et suis arrivé à Clermont, que je devinois plutôt que je ne le découvrois, étant masqué par la grande montagne que j'avois devant moi. J'ai jeté un coup d'œil sur Montferrand, sur les plaines du marais. J'ai salué la seconde ville de la Limagne, et suis venu m'arrêter au pied du Puy-de-Dôme, que j'avois réservé pour terminer ma description.

Si la peinture que j'ai tracée présente quelque intérêt, ce ne pourroit être que pour ceux qui connoissent la localité, et surtout pour ceux qui l'habitent. C'est donc particulièrement au canton de Monton que je l'adresse. Cependant j'invite les amateurs qui passeront sur le grand chemin, à venir se désennuyer de la monotonie de la plaine, en montant sur le puy qui m'a servi de Parnasse. Quelque foibles que soient mes couleurs, je ne crains pas qu'ils me donnent un démenti sur la vérité du tableau; je réponds qu'ils seront enchantés de la réalité, et dédommagés de leur peine par l'air pur qu'ils respireront sur ce trône de la nature.

A MON FRÈRE. *

Toi qui depuis trois mois, bien loin de ta patrie,
Habites cette terre où vécut Virginie,
Et qui courant le monde, en tes vastes désirs,
Du pays où je suis n'a que les souvenirs;
O mon frère! souris à ce petit ouvrage,
Lorsque ma main traça ce riant paysage;
Dans mon rêve avec toi je croyois parcourir
Le sol qui nous vit naître et doit nous voir mourir.
L'heure de voir le jour pour nous deux ne fut qu'une;
Et pour nous deux aussi tu poursuis la fortune.
Puisses-tu, loin des bords où je suis attaché,
Rencontrer le bonheur que j'ai long-temps cherché;
Trouver au sein des mers, où règne la tempête,
D'un port bien assuré la tranquille retraite!
Imite sagement les prudens matelots:
Avant de revenir, laisse calmer les flots;
N'expose point aux vents une tête si chère:
Ma tombe s'ouvriroit, si je perdois mon frère.

* Parti pour l'Ile-de-France.

LE PANORAMA

NATUREL,

OU PROMENADE AUTOUR DU PUY DE MONTON,

BOURG DE LA LIMAGNE D'AUVERGNE.

Quel coup d'œil ravissant, quel spectacle enchanteur
Le sommet de Monton présente au voyageur!
Accourez vers ces lieux, amans de la nature;
Elle vous offre ici sa plus riche parure:
Ce mont est admirable! Oui, si Dieu le forma,
C'est qu'il voulut créer un grand panorama.
De ce site élevé l'œil s'étend à la ronde,
Et voit de tous côtés les merveilles du monde.
 Au-dessous de mes pieds un grand bourg populeux,
S'appuyant sur des rocs qui menacent les cieux,
Et cherchant du midi la bénigne influence,
Confie au dieu du jour sa naissante abondance:
Puisse-t-il, exauçant les doux vœux que je fais,
Répandre sur son sol tout l'or de ses bienfaits,
Mûrir par ses regards ses moissons ondoyantes,
Et rougir de nectar ses vignes verdoyantes!

Séjour de la santé, salut! heureux Monton!
Tu domines gaîment au-dessus du canton;
Sur tes flancs arrondis fleurit l'agriculture,
Et Bacchus et Cérès ont tissu ta ceinture.
J'aime l'activité de tes bons habitans :
Dès l'aube matinale ils tourmentent les champs,
Ils trempent de sueur la terre nourricière,
Et, courbés sur son sein, passent leur vie entière.
La femme également sait employer ses jours :
Le fuseau dans ses mains ici tourne toujours;
Aux foires de Clermont, sa toile bien famée
Jusques au Pont-du-Gard porte sa renommée.
 Salut aussi! salut! joli puy de Marment,
Toi dont la promenade offre un délassement.
Des savans si j'avois le curieux génie,
Je pourrois faire un cours de minéralogie :
Je fouillerois le sein de ton dôme pierreux,
La blanche mésotype amuseroit mes yeux;
Sans voyager au loin, dans ton beau voisinage,
De la nature ici j'étudierois l'ouvrage.
La verdure orne aussi ton contour gracieux,
Et tu parois formé pour le plaisir des yeux,
Diminutif heureux de la grande montagne
D'où je vais maintenant crayonner la campagne.
 Delille, prête-moi ton magique pinceau,
Pour tracer dignement ce champêtre tableau.
Je suis voisin des bords où coula ton enfance :
Le riant Chanonat en garde souvenance.
C'est ici que tu pris tes brillantes couleurs,
Et l'on voit dans tes vers nos vallons et nos fleurs.
Tout inspire en ces lieux la poétique ivresse,
J'y retrouve vingt fois le Pinde et le Permesse.

Déesses de la Fable, accourez à ma voix!
Venez, Nymphes des eaux, et vous, Nymphes des bois!
Versez sur mes écrits le frais de vos ombrages;
Dictez: je vais tracer mes riches paysages.
  Orcet, le doux Orcet aura mes premiers vers:
Je lui dois mes plaisirs et mes chagrins amers.
C'est là que je comptois, au bout de ma carrière,
Aux cendres de mon père ajouter ma poussière;
Trompé dans mon espoir, je regrette toujours
Les lieux où je devois finir en paix mes jours.
Je les vois, ces côteaux et ces vertes prairies
Où j'ai tant promené mes longues rêveries.
Qu'on respire là-bas un air délicieux!
Que ce vignoble est beau! que ce site est heureux!
Pour être un doux milieu des monts et de la plaine,
Il ne te manque, Orcet, que l'eau d'une fontaine.
Je vais suivre le cours de ton petit ruisseau,
Et descendre l'Allier jusqu'au Pont-du-Château.
Je découvre d'ici ces arches élégantes
Où courent en grondant les ondes écumantes,
Et ces longs parapets, chef-d'œuvre de nos jours,
Que les amis des arts admireront toujours.
Sur la rive du fleuve une ville riante
Pour reposer mes yeux devant moi se présente:
A la gauche de l'onde elle étale son front,
Fière de nous montrer la beauté de son pont.
On remarque plus loin les bosquets agréables
Qui furent le séjour des prélats vénérables:
Lieu de paix, sur lequel je jette un doux regard,
Que l'on te nomma bien, éminent Beauregard!
Au delà la campagne est à perte de vue,
De l'immense horizon j'embrasse l'étendue.

A droite, j'aperçois les monts bleus du Forez,
Je vois dans le lointain les champs du Bourbonnais.
Mon œil, suivant les flots le long de cette rive,
Ne sauroit se lasser de cette perspective.
 Revenant sur mes pas, le Cendre, au bord de l'eau,
Présente sa verdure au miroir du ruisseau.
La tendre rêverie aime son frais rivage,
Il est enseveli sous des touffes d'ombrage ;
De mille et mille oiseaux asile verdoyant,
Son repos est troublé par leur aimable chant.
 Gondole, sur ces bords, célèbre dans l'histoire,
D'un souvenir de guerre occupe la mémoire :
Cet agréable endroit vit jadis le Romain
De longs retranchemens hérisser son terrain.
Ce fut là que son chef, combattant à la tête,
Fut arrêté long-temps au sein de sa conquête.
Il étoit là placé, là fut jeté son pont ;
Ici sur cette côte il déployoit son front.
On aperçoit encor de son camp les vestiges,
Gondole a vu de Mars les terribles prodiges ;
Mais aujourd'hui Bacchus, en étendant ses bras,
Couvre ces lieux jadis foulés par des soldats.
 Plus loin, quel tourbillon s'élevant dans la nue,
En blanchissant le ciel vient obscurcir ma vue ?
C'est la pierre calcaire, échauffée à Cournon,
Qui, cédant à Vulcain, forme ce gros bouillon ;
Cournon, qui dans l'Auvergne étend sa renommée,
Et la doit à ses fours tout couverts de fumée.
Ajoutons à cela que son vignoble est bon,
Accordons-lui de plus une riche moisson.
Mais comment dans mes vers lui donner de l'ombrage ?
Le Ciel lui refusa ce champêtre avantage.

Non loin de là fleurit la vigne de Dallet,
Dallet dont le bon vin est vanté du gourmet,
Dallet dont le bateau, connu sur cette plage,
Aborde incessamment l'un et l'autre rivage :
En voyant son pilote, on diroit que Caron,
Établi dans ces lieux, fait passer l'Achéron.
Mais les humains ici, voguant vers l'Élisée,
Ont droit de revenir sur la rive opposée :
Telle est la différence avec les sombres bords,
Qui, passés une fois, ne revoient plus les morts.
Le voilà, mon bateau, qui flotte encor sur l'onde :
Que Caron fait passer de gens qui sont au monde !
A ce tableau mouvant qui ne connoît Dallet ?
Tout près l'on voit Mezel, le château St-Bonnet,
Pérignat-outre-Allier, aussi la Roche-Noire,
Qui de son noir rocher tient son nom, dit l'histoire :
Des torrens de basalte y fumèrent jadis,
Aujourd'hui son sommet est couronné d'épis,
Et Cérès maintenant étend sa chevelure
Sur ce mont dont le feu sillonna la figure.

    Toujours, en remontant le fleuve du pays,
Mirefleurs, au doux nom, heureusement assis,
Me présente son front sur une côte aimable :
Je promène mes yeux sur sa pente agréable.
Le vert noyer se plaît dans son petit vallon,
La vigne est à ses flancs, à ses pieds la moisson.

    Deux cents pas au-dessus de sa douce montagne,
Chalendrat brille au loin régnant sur la campagne ;
Il laissera long-temps un noble souvenir :
On dira quelque jour, aux siècles à venir,
Qu'un milord, oubliant les brouillards d'Angleterre,
Pour respirer l'air pur habita cette terre.

La beauté de ce lieu paroît due au hasard ;
La nature en secret s'y marie avec l'art :
Les bois, les eaux, les fleurs, tout ici se rassemble ;
L'utile et l'agrément s'y rencontrent ensemble.
Mais quittons ses jardins et ses bosquets ombreux,
Saint-Maurice m'attend : des cerisiers nombreux
Couronnent ses maisons de fruits et de verdure ;
Cybèle ouvre les plis de sa riche ceinture,
Elle présente ici des inégalités ;
Son caprice me plaît par ses variétés.
La nature en ces lieux, doublement libérale,
Renferma le trésor d'une onde minérale,
Dont les tièdes bouillons, filtrant sur le gravier,
Vont se perdre, en fumant, dans les flots de l'Allier.
Au travers d'une roche on voit jaillir sa source ;
Contre le rhumatisme elle offre une ressource.
Êtres souffrans, ici portez votre douleur,
Vous serez soulagés par sa douce chaleur.

 Au sein de ce pays, s'élevant dans la nue,
Le puy de Saint-Romain vient arrêter ma vue.
De trop près sur ce point il borne l'horizon,
Et m'empêche de voir la cité de Billom.
Pour lui, de son sommet il a cet avantage,
De Turluron aussi voit le gras paysage,
Et ces climats, dit-on, trop souvent pluvieux,
Qui sont le réservoir de la voûte des cieux.

 Au-dessus de Lissat, une forêt profonde
Semble vouloir marquer les limites du monde ;
Je crois voir le Druide au milieu de ces bois,
Et mon esprit retourne au vieux temps des Gaulois.
C'est donc là que jadis nos crédules ancêtres,
Révérant le couteau de leurs barbares prêtres,

Sur le chêne impuissant cherchoient le gui sacré,
Dans leur horrible culte à Theutus consacré.
Ils pensoient que les dieux, pour se rendre propices,
Demandoient aux humains de sanglans sacrifices :
C'étoit là leur encens offert aux immortels.
Je crois voir ruisseler le sang sur leurs autels ;
Homicides sacrés, dans leur pieuse rage,
Ils invoquoient le Ciel, ennemi du carnage.
Voilà donc où conduit la superstition,
Extravagant abus de la Religion !

 Mais, Muse, descendons sur la rive du fleuve :
Parmi les peupliers, les saules qu'il abreuve,
Le sinueux Allier, en déroulant ses eaux,
Promène la fraîcheur au pied de ces côteaux.
Les Martres, sur ces bords, sont le séjour de l'ombre :
Là des prés émaillés et des arbres sans nombre,
Étalant leur verdure, offrent aux yeux ravis
Leurs beaux tapis de fleurs et leurs moissons de fruits.
C'est là que tous les ans nous livrons à Neptune
Nos vins, qui vers Paris vont chercher la fortune.
J'entends d'ici, j'entends la hache et les marteaux
Arrondissant les flancs d'un millier de tonneaux ;
En m'égayant, ce bruit vient frapper mon oreille :
Un jour ils seront pleins de la liqueur vermeille.
Le temps de la vendange, avec tous ses plaisirs,
Revient se présenter à mes doux souvenirs :
Il me semble déjà voir l'amant d'Érigone
Sous le pampre rougir et couler dans la tonne.
Tout est en mouvement : déjà je vois les eaux,
Eu cédant à leur poids, se couvrir de bateaux.
Puissent-ils, voiturant le purpurin breuvage,
Porter à leur retour Plutus sur ce rivage !

Je ne t'oublîrai pas non plus, puy de Corant,
Dans tous ces environs connu par ton vin blanc.
Comment ne pas vanter cette douce ambroisie
Qui nous fait oublier les malheurs de la vie,
Présente dans le verre une ombre de bonheur,
Et dérobe un moment les chagrins au buveur?
Une pointe de vin rend l'homme plus aimable;
Les douces amitiés se cimentent à table:
Dans le printemps de l'âge, on courtise Vénus;
Mais quand l'automne arrive, on préfère Bacchus.

Sur la croupe du mont, Soulasse se présente,
Théâtre rocailleux d'une chasse abondante.
Parfois j'y grimpe armé de mon tube assassin,
Pour foudroyer sans crime un innocent lapin.
La chasse de la guerre offre la ressemblance :
Quelle ardeur quand Azor trouve un lièvre et le lance!
Je le poursuis de l'œil : bientôt le plomb fatal
Fait courir chez les morts le léger animal.
Azor méritoit bien ici de trouver place :
C'est un bon chien que j'aime, et c'est un chien de race.
C'est un plaisir de voir les fêtes qu'il me fait
Quand je rentre au logis, souvent peu satisfait :
Il se jette sur moi, me lèche et me caresse;
Pour son malheureux maître il est plein de tendresse.
Azor, je fais grand cas de ta simple amitié.
Le chien connoîtroit donc la sensible pitié!
Quel que soit notre sort, il suit notre existence,
Et n'est point refroidi par la triste indigence :
Ce doux ami de l'homme, attaché sur ses pas,
Lui sert de compagnie, et ne le quitte pas;
Il meurt en la maison où demeure son maître,
Et lorsqu'il est chagrin, il semble le connoître.

Je ne sais si c'est âme, ou bien un pur instinct;
Mais dans les yeux d'Azor le sentiment est peint.

   Notre mont offre encor les volcans du vieil âge,
Quand la brûlante lave étendoit son ravage:
Une terre rougie annonce encor les temps
Où le soufre enflammé lui déchiroit les flancs:
Du feu des passions image bien terrible,
Et des volcans du cœur peinture trop sensible !
Peut-être la verdure orna jadis ces lieux:
Ils n'ont plus que des rocs calcinés par les feux.

   Mais je reviens encor vers le séjour de l'onde :
Il semble qu'à mes vers son murmure réponde.
Le doux bruit des ruisseaux, le silence des bois,
Dans Veyre fortuné se trouvent à la fois.
Eh ! qui ne connoît pas les ombrages de Veyre,
Et les sombres vergers du riche Saint-Hilaire ? *
Combien de fois les nuits, en songeant au bonheur,
J'ai vu les frais sentiers de ce site enchanteur !
Que j'aime les détours de ce charmant rivage !
L'onde partout gazouille en fuyant sous l'ombrage ;
La route au curieux offre un mouvant tableau,
Et les prés au rêveur le bruit de leur ruisseau :
Il semble qu'en ces lieux la riante nature,
Au miroir de leurs eaux composant sa parure,
Se plut, en déliant les nœuds de son corset,
A semer au hasard les fleurs de son bouquet.

   Je dois vanter ici cette foire amusante
Qui rassemble en un pré la jeunesse galante,
Et qui, réunissant le commerce au plaisir,
Laisse en ces alentours un riant souvenir ;

---

* Ancien nom du domaine de Saint-Allyre.

C'est alors que l'on voit nos gentilles bergères
Étaler leurs atours et leurs robes légères,
Et dansant la bourrée au son des instrumens,
Charmer par leur costume et par leurs agrémens.
C'est là que tous les ans, caché sous le feuillage,
L'Amour lance ses traits et fait son doux ravage,
Voit palpiter le cœur de la jeune beauté,
Et souvent pour toujours ravit sa liberté :
On se presse la main dans une contre-danse,
Un doux frémissement fait manquer la cadence;
Malgré mille témoins, les yeux savent parler;
On accuse le Temps de trop vite voler:
On a déjà senti cette flamme électrique
Qui va chercher le cœur par un trait sympathique;
La tendre émotion d'une douce rougeur
Commence à colorer le front de la pudeur....
L'ombrage s'obscurcit. Les mères attentives
Ont donné le signal : il faut quitter ces rives.
Partez, nouveaux amans, allez nourrir vos feux;
Dans un an le plaisir vous attend dans ces lieux.

Tout près paroît la Narce, humide pâturage,
Asile frais du râle et du canard sauvage;
Des vignes, des moissons variant les tableaux,
Elle présente aux yeux ses joncs et ses roseaux.

Montpeyroux, s'élevant sur sa large carrière,
Au voyageur surpris montre son front de pierre:
Orgueilleux de servir aux murs de nos maisons,
Il offre à nos chantiers ses jaunâtres moellons.
D'où viennent de son sein les couches souterraines ?
Le pic avec effort ouvre ses longues veines:
Sans doute c'est Téthys, dans ses débordemens,
Qui nous roula sa masse et ses durs fondemens;

Tout nous dit que jadis, franchissant sa barrière,
Neptune en son courroux couvrit la terre entière,
D'un coup de son trident fit soulever les eaux,
Et livra les humains à la fureur des flots.
Montpeyroux, d'une tour ton sommet se couronne,
De ses rameaux rampans le lierre l'environne.
Son front frappe mes yeux par son antiquité ;
Il me retrace encor la féodalité,
La corvée et les cens, les droits de vasselage,
Le champart onéreux, la glèbe et l'esclavage,
Et tous ces noms enfin usités dans les temps
Où pour maîtres le peuple avoit mille tyrans.
Ils sont passés ces jours d'antique servitude,
Et la France a repris d'un seul roi l'habitude.
C'est donc là que jadis des seigneurs orgueilleux
Recueilloient la sueur des serfs trop malheureux!
 Loin de ces temps obscurs, d'affligeante mémoire,
Et marqués par les pleurs au feuillet de l'histoire,
Entre les deux écueils voguant heureusement,
Que le Français soit libre, et le soit sagement;
Que dans les trois pouvoirs trouvant l'indépendance,
Il obéisse au chef qui tiendra la balance,
Réglera de ses droits l'antique sainteté,
Sans licence, il est vrai, mais non sans liberté.
Liberté! que ton nom soit sacré d'âge en âge!
Il est en lettres d'or tracé dans cet ouvrage
Qui, fixant aujourd'hui nos destins et nos vœux,
Passera sans nuage à nos derniers neveux;
Qui, servant de boussole après tant de tempêtes,
A conjuré les vents rassemblés sur nos têtes,
Et qui, nous replaçant sur un paisible bord,
Doit nous faire chérir le pilote et le port.

Je reviens à mon roc : sa haute forme imite
Le rocher qu'habita la reine Marguerite,
Usson, que je découvre au lointain horizon,
Et qui du grand Henri me rappelle le nom.
O héros dont le peuple a gardé la mémoire,
Henri ! veille sur nous du temple de la gloire !
Des célestes lambris où sont tous les bons rois,
Vois ton fils sur le trône assis avec nos lois ;
Vois ton panache blanc flotter sur notre tête.
Hélas ! long-temps il fut en butte à la tempête :
Mais, ainsi qu'un bel arbre au milieu de nos champs,
Après avoir souffert du courroux des autans,
Quand l'orage a cessé, redresse son feuillage,
Et présente au pasteur l'abri de son ombrage,
Ainsi s'est relevé le beau rameau des lis
Auprès de l'olivier qu'a fait naître Louis.

Encore un autre mont ici s'offre à ma vue ;
Il semble de son pic vouloir percer la nue :
Marquant du dieu du jour la moitié du chemin,
A nos cultivateurs il sert de méridien.
Puy de Midi, ton nom, connu dans ces campagnes,
Ne peut trouver un rang parmi ceux des montagnes :
Ta forme circulaire et ton cône élancé
Au nombre de nos puys seulement t'ont placé.

Parcourons maintenant les trésors de la plaine :
Cérès va nous offrir une nouvelle scène.
Au milieu des moissons on distingue Authezat,
Disputant de richesse avec la Sauvetat.
La Saigne, ici mes vers te doivent un hommage :
Salut, riant séjour habité par un sage !
Je me plais à te voir ; là je compte un ami ;
Pour faire aimer les lois la vertu l'a choisi : *

* M. le Maire d'Authezat.

Il étoit digne un jour de gouverner en père.
Qu'ici, de toutes parts, le grain doré prospère :
Respectez, Aquilons, ces immenses guérets ;
Mûrissez, vents d'été, les épis de Cérès :
Que Zéphire, agitant leur molle chevelure,
Semble se promener sur ces mers de verdure.
Champs fortunés! mon œil a peine à vous quitter.
Mais je dois un moment à Plauzat m'arrêter.
Plauzat, tout près, bornant cette plaine admirable,
Renfermoit dans son sein un château remarquable ;
Jadis il élevoit ses superbes créneaux,
Qui rappeloient les temps des antiques vassaux :
La fureur des partis renversa ses murailles,
Prélude avant-coureur du meurtre et des batailles.
C'est là que vous viviez autrefois, Montagus ;
Vos jardins sont détruits et vos toits abattus :
Tristes suites, hélas! de ces jours de licence
Qui d'un sombre nuage obscurcirent la France!
Cherchons, Muse, cherchons un spectacle plus doux,
Et, pour nous délasser, visitons Saint-Sandoux.
Là, sur un mont stérile, en domptant la nature, *
Un grand aux malheureux donna la nourriture.
Sans le nommer, je dois un éloge en mes vers
A l'hôte bienfaisant du château de Travers.
Que j'aime, Saint-Sandoux, ton riant paysage!
Prés, vignes et moissons, sont ton riche apanage.
Tu n'es pas une plaine, et tu n'es pas un mont ;
Au milieu de l'ombrage on voit briller ton front.
Quel est le nom, dis-moi, de la grande montagne
Qui près de toi s'élève au sein de la campagne?

* En créant un bois sur une montagne aride.

J'admire l'étendue ainsi que la hauteur
Des rocs audacieux qu'elle offre au voyageur.
Qui porta sur ces bords cette masse imposante?
La nature à la fois me plaît et m'épouvante :
Ici des bois, des prés, des vignes, des ruisseaux,
Et là des monts tout nus sans verdure et sans eaux.
 J'aperçois Saint-Amand. Avant que je m'y rende,
Je dois renouveler ma palette à Tallende :
Des beautés de ce lieu mon esprit est frappé.
Delille, inspire-moi, je vais peindre Tempé.
L'onde couvre ces bords de sa brillante écume.
Sources, sortez de terre, et coulez de ma plume :
Ici du dieu des eaux c'est le riant séjour,
Sur un doux lit de mousse il a fixé sa cour ;
Sur le sein émaillé d'une vaste prairie,
Il verse à gros bouillons la fraîcheur et la vie.
Sous mille cintres verts, serpentez, clairs ruisseaux,
Joignez votre murmure au doux chant des oiseaux.
C'est là que le printemps voulut placer son trône,
Pomone sa corbeille, et Flore sa couronne.
Que j'aime, quand Phébus baisse vers l'horizon,
Errer dans les sentiers de ce charmant vallon !
L'eau partout sous mes pieds s'échappe de sa source,
Et fait mille détours pour varier sa course ;
La truite, en traversant son liquide cristal,
Fait voir son corps d'argent sur les bords du canal,
Et répétant cent fois ses fraîches promenades,
Amuse par ses jeux les humides Naïades.
Laissez-moi m'égarer dans ces prés enchanteurs,
Et marcher en rêvant sur ces tapis de fleurs.
Io mugit ici dans un gras pâturage ;
Ici de l'Arcadie on retrouve l'image :

On diroit que Palès habite ces vergers,
Et j'y vois des moutons, des chiens et des bergers.
Tu viens à ma pensée, aimable Deshoulières :
Pour tes tendres crayons que de riches matières !
Hélas ! ainsi que toi je rêve le bonheur,
Et vois qu'il n'est qu'aux champs et dans la paix du cœur.
Des champs le beau tableau, l'ombrage et la verdure,
Semblent parler aux sens par leur douce peinture :
Ils font naître le calme en notre esprit chagrin,
Répandent dans notre âme un baume souverain.
L'horizon vaporeux, les bois et le silence,
L'haleine des zéphyrs, l'arbre qui se balance,
De l'onde qui s'enfuit le doux bruissement,
Tout éveille en nos cœurs le tendre sentiment.
Aimons donc à jouir des attraits de Cybèle,
Bientôt sa robe, hélas ! ne sera plus si belle :
L'Hiver, aux cheveux blancs, venant du fond du Nord,
Portera dans ces lieux la tristesse et la mort ;
Ces prés seront couverts de frimas et de neige ;
Je vois descendre Éole avec son froid cortége.
Ces bosquets seront nus ; ces ruisseaux, arrêtés,
Rouleront des glaçons dans leurs flots argentés.
Mais ces bois et ces fleurs, ces prés, cette verdure,
Renaîtront au printemps pour orner la nature.
Pour nous, pauvres humains, nous vivons quelques jours :
Nous sommes un moment, et mourons pour toujours !
 Le débris d'un château, sur ce beau paysage,
Offre à l'œil attendri les traces du vieil âge ;
Son site pittoresque occupe mon esprit,
Et me dis qu'ici-bas tout passe et tout finit ;
Que sur palais et chaume, et les monts, et la plaine,
La noire faux du Temps lentement se promène.

Ah! qui pourroit compter tous les ans écoulés
Sur ce vieux monument et ses murs écroulés !
   Ici l'on voit encore une antique masure
Qui rend à la mémoire une grande aventure,
Et promenant ses pas sous ces verts peupliers,
L'on sent couler ses pleurs au nom des Templiers.
Jadis ils possédoient une commanderie,
Dont ces restes, dit-on, faisoient une partie.
Recevez mon tribut, illustres malheureux,
Sur de simples soupçons consumés par les feux.
O spectacle effrayant ! je vois encor la flamme
Qui brûle votre corps sans offenser votre âme :
Elle est montée aux cieux au sein de l'Éternel,
Peut-être pour prier pour Philippe-le-Bel.
Des chants ont signalé votre triste agonie :
J'entends les derniers sons de la douce harmonie
Qui, vous faisant braver les traits de la douleur,
Sembloit prouver chez vous la pureté du cœur.
   J'entends aussi tes chants, Philomèle plaintive !
La tourterelle encor gémit sur cette rive :
Mon cœur, à l'unisson de l'écho de ces bois,
Répond par sa tristesse à sa touchante voix :
Sans doute elle a perdu sa fidèle compagne,
Et son cœur la demande à toute la campagne.
Symbole de l'amour, de la douce amitié,
Puisses-tu retrouver ton aimable moitié !
   Mais laissons soupirer la tendre tourterelle ;
Ma course est longue à faire, et Saint-Amand m'appelle :
Petite ville assise au sommet du vallon,
Tu mérites sans doute un trait de mon crayon.
Tes marchés sont pourvus des fruits de la campagne,
Tu sers de capitale aux gens de la montagne.

Je vanterai ta halle où, tous les samedis,
Sur les dons de Cérès le commerce est assis,
Et je n'oublîrai pas, sur ta place riante,
L'onde de ta fontaine à doux bruit jaillissante.
J'entends les lourds marteaux qui foulent ton papier,
Peut-être de tes murs est sorti ce cahier.
Je devois dans mes vers quelque reconnoissance
Au papier, qui reçoit leur molle négligence.
Adieu ! je vais gravir jusqu'à Saint-Saturnin :
Un beau cours me conduit auprès de son ravin;
Il paroît être là pour borner la Limagne :
Son aspect accoutume à l'air de la montagne;
Il nous présente aussi des souvenirs anciens,
Les murs d'un vieux château, dont les vieux citoyens,
Issus des bords rians de la belle Italie,
Adoptèrent jadis la France pour patrie.
Broglio, ce doux nom n'est plus nom étranger,
Parmi les noms français il a su se ranger.
Saint-Saturnin encore offre une vieille église :
Ses voûtes, en entrant, font naître la surprise;
Ses murs religieux, tout noircis par le temps,
Invitent à prier dans leurs enfoncemens.
Tout nourrit sous ces toits la sainte rêverie;
On y sent s'alléger les peines de la vie :
L'âme, plus recueillie en ces lieux ténébreux,
Se plaît à concentrer ses souvenirs pieux;
L'ancienneté nous frappe, et cette vieille empreinte
Se montre ici partout, et sur les murs est peinte.

Ici finit la vigne. Adieu, le doux Bacchus !
On ne trouve au delà que des rochers tout nus.
Mais avant de quitter ce site un peu sauvage,
Au château du Maran j'adresse mon hommage :

Sur le flanc d'une côte assis heureusement,
Il s'élève aux confins de ce pays charmant ;
La blancheur de son front vient éblouir ma vue ;
Il semble commander cette riche étendue.
 Me voilà déjà loin de notre beau vallon :
Un second Apennin, au bout de l'horizon,
Étonne les regards. C'est là que la nature
A caché la chaleur au sein de la froidure.
Quel brasier souterrain fait bouillonner ces eaux ?
D'où vient donc la vertu de ces brûlans ruisseaux ?
Croyant d'un corps infirme alléger la souffrance,
On y vient tous les ans conduit par l'espérance.
Qui ne connoîtroit pas le salubre Mont-d'Or ?
Le malade souvent en rapporte un trésor,
La santé ! Sans ce bien, à quoi sert la richesse ?
Quel contraste frappant ! là-haut, quelle tristesse !
Tout y paroît stérile, et ne présente aux yeux
Qu'une neige éternelle et des rochers affreux.
Au lieu de notre plaine, au lieu de ses délices,
Je n'aperçois, grand Dieu ! que ravins, précipices,
Des angles raboteux et des antres profonds,
Des pics audacieux, des souterrains sans fonds,
Des torrens à grand bruit précipitant leur onde,
Et des rocs sourcilleux aussi vieux que le monde.
Je m'avance en tremblant : mon œil épouvanté
Embrasse de ces monts la vaste aspérité.
Sur le sentier qui mène à ce site où tout frappe,
Un grand lac de ses eaux étend la large nappe ;
La carpe se promène en son gouffre profond :
Dans la gastronomie elle a quelque renom.
Mais d'ici sur ces bords l'herbe me paroît terne,
Et cet étang ressemble au noir lac de l'Averne.

* Sidoine cependant jadis aima ces lieux :
C'est là que, pour jouir de lui-même et des cieux,
Il venoit quelquefois contempler la nature,
Et se plaisoit à voir sa sauvage parure ;
Admiroit les rochers, les bois et les torrens,
Et sur le flanc des monts les longs troupeaux errans ;
Voyoit autour de lui se former les orages,
Ne pouvant se lasser de ces grandes images.
C'est là que loin de l'homme et rapproché de Dieu,
Pour ce souverain Être il brûloit d'un doux feu,
Et respirant en paix cette froide atmosphère,
Adressoit vers le Ciel son ardente prière.
Que de siècles ont fui depuis que l'Éternel
Reçut ce doux savant dans son sein immortel !
Combien de fois depuis, dans sa vaste carrière,
Le soleil sur ces lieux a versé sa lumière !
Triste matière, hélas ! à mes réflexions :
Combien ont disparu de générations !

Enfin, j'arrive au pied de la grande montagne.
Adieu, riant tableau de la douce Limagne !
Le haut pic de Sanci, la gorge des Enfers,
Et la roche Vendais, viennent noircir mes vers :
C'est de là que jadis, du sein de la tourmente,
** Marcel, roi des pillards, répandoit l'épouvante ;
Il me semble le voir, maître d'un château fort,
Méditer sur un roc le malheur et la mort.
Aujourd'hui les troupeaux trouvent le pâturage
Dans ces lieux autrefois théâtre de carnage.
Le voyageur pensif, y songeant au passé,
Et goûtant le repos, se trouve délassé.

* Sidoine Apollinaire avoit à Aidat une maison de campagne.
** Amérigot Marcel, surnommé *Roi des Pillards*.

Dans la vallée aussi le curieux contemple,
Frémissant de respect, les débris d'un vieux temple,
Dans ces jours reculés ouvrage des Romains,
Que le Temps a détruit de ses rongeantes mains.
Plus loin, tout me paroît le deuil de la nature :
Je ne vois des sapins que la triste verdure,
Les laves des volcans et des blocs suspendus,
De longs déchiremens et des rochers fendus ;
Éole y tient sa cour au milieu des orages,
Et les bains de César sont couverts de nuages ;
Des arbres sur les monts les rameaux sont brisés :
Leurs vieux troncs par la foudre ont été divisés ;
Tout cède aux noirs bouillons des ondes mugissantes,
Écho me rend le bruit des cascades fumantes ;
Les yeux ne voient voler que de sombres oiseaux,
Et tout présente enfin l'image du chaos.
Trop sublimes horreurs! Retournant en arrière,
Du Crest, voisin des cieux, je vois la cime altière ;
Un château ruiné, placé sur sa hauteur,
Semble du Temps encor vouloir être vainqueur :
Peut-être que jadis ses antiques murailles
Virent les vieux héros et les vieilles batailles.
Rappelant à mon cœur des souvenirs guerriers,
Je m'imagine y voir nos anciens chevaliers,
Leur armet, leurs brassards, et cette longue lance
Qui distinguoit alors ces preux fils de la France ;
Le pont-levis grondant s'abaisse devant eux,
L'hôte vient essuyer leur visage poudreux ;
Leur front est désarmé par la main d'une belle,
Tout s'empresse à l'envi de déployer son zèle :
Doux prix de leur tendresse et de leur noble ardeur,
Doux prix de leur devise, *Amour*, *Patrie*, *Honneur*.

O siècles tant vantés de la chevalerie!
Ne reviendrez-vous plus? Noble galanterie,
Êtes-vous oubliée? et la France à présent
Connoîtroit-elle encor cet amour complaisant?
Que de choses, hélas! la main du Temps efface!
Les châteaux sont tombés, et les cœurs sont de glace!
Où sont ces ménestrels et ces gais troubadours
Qui chantoient les hauts faits et charmoient ces vieux jours,
Enflammoient des héros le courageux délire?
Ne revivrez-vous plus, Bayard, Pothon, la Hire,
Fiers guerriers sans reproche, et chevaliers sans peur?
Oui, nous les reverrons, ces vieux temps de l'honneur;
Nous verrons refleurir la vertu, la vaillance,
Et plus d'un chevalier nous reste encore en France.
Vous revivrez aussi, vous, illustres guerriers
Que moissonna la mort au milieu des lauriers:
Hoche, Marceau, Kléber, enfans de la Victoire,
Venez me rappeler d'autres momens de gloire.
Recevez mon tribut, Montebello, Desaix,
Héros qui combattiez pour l'honneur et la paix:
Vous auriez des égaux pour défendre la France,
Si nous devions encore aiguiser notre lance.
Que votre ombre tressaille en voyant réunis
Tous nos vaillans guerriers sous le sceptre des lis.
Si la Fortune a pu déserter leur enseigne,
N'en doute pas, Louis, ils vaincroient sous ton règne.
   Il est temps de laisser cette digression,
Et je reviens, le Crest, à ta position.
Assez ton vieux château m'a fourni la matière
De prouver que tout passe en la nature entière;
Mais quel que soit, hélas! le ravage des ans,
Tu peux te consoler, Bacchus orne tes flancs.

Sur toi son divin pampre étendant son feuillage,
Semble vouloir couvrir les rides du vieil âge;
Heureux de dominer sur ces beaux environs,
Tu montres fièrement tes antiques sillons,
Et quoique ton front nu tienne de la montagne,
Tu n'appartiens pas moins à la belle Limagne.
  En vain Orne et Chadrat paroissent se cacher,
Sous des ombrages frais mon œil va les chercher:
L'un et l'autre en mes vers feront peu d'étalage;
Mais j'ai dû les nommer, ils sont du voisinage.
Je crois t'apercevoir dans ton joli vallon,
Vieux château de Juillat; un trait de mon crayon
Suffira pour tracer ta solitude aimable,
Ta beauté pittoresque et ton site agréable.
Que Jussat et Merdogne entrent dans mon tableau;
Tous les deux à la fois attendent mon pinceau.
Le premier à mi-côte offre son vert feuillage;
Merdogne, en son ravin, a le seul avantage
De s'asseoir sur le flanc de cet illustre mont
Qu'on ne peut regarder sans un respect profond;
Il presse de ses pieds ce théâtre de gloire,
Ce pays dont les faits ont enrichi l'histoire.
Mais n'anticipons pas; j'y reviendrai bientôt.
Peignons la Roche-Blanche au pied de ce côteau:
Une tour est assise et règne sur sa pente;
Sa masse avec éclat à mes yeux se présente,
Fière de ressembler, par sa position,
Au terrain incliné du fertile Monton.
Mais que vois-je, grand Dieu! sous ces couches calcaires?
Des humains ont creusé de profondes tanières;
Et logeant, sans frémir, dans ces trous dangereux,
Ils semblent renoncer à la clarté des cieux.

Naguère un lourd rocher, suspendu sur leur tête,
Menaçoit de tomber, et sa chute étoit prête;
Encor quelques instans, et son énorme poids
Rouloit et l'épouvante et la mort à la fois;
Il alloit écraser, en quittant la montagne,
Le laboureur dormant auprès de sa compagne,
Pulvériser les murs de son rustique toit,
Effacer à jamais jusqu'au nom de l'endroit.
Par ses soins vigilans, une main diligente
Détourna le danger de sa masse effrayante,
Et la faisant céder aux longs bras des leviers,
Avec précaution fit glisser ses quartiers.
Elle a su conserver la fortune et la vie
Des bons cultivateurs, soutiens de la patrie,
Qui, déchirant la terre en pénibles sillons,
Font naître l'abondance et sèment les moissons.

Mais sans quitter encor le penchant de la roche,
Chanonat, de tes murs doucement je m'approche;
Et si mon œil d'ici ne peut t'apercevoir,
Mon cœur et mon esprit s'imaginent te voir.
C'est donc là que vécut, aux jours de son enfance,
Le doux chantre des bois, et l'honneur de la France!
Delille, je te vois sur ces bords enchantés
Dont ton souvenir seul redouble les beautés.
Chanonat, pour briller au sein de la Limagne,
Il suffit que Delille ait nommé ta campagne.
Oui, j'en fais le serment, j'irai lire en ces lieux
Du poëme des Champs les vers harmonieux,
Du Virgile français les belles Géorgiques,
Et des riches Jardins les douces Bucoliques.
Peut-être que son ombre, errante sur ces bords,
Pour venir a quitté le rivage des morts.

Il me semblera voir ce champêtre génie,
Un Milton à la main, rêver dans la prairie.
Hélas! depuis long-temps, dans son cours radieux,
Pour lui le blond Phébus ne doroit plus les cieux!
Il n'est plus! Maintenant une douce lumière
Aux champs Élysiens éclaire sa paupière:
Près de Virgile assis, sous de grands myrtes verts,
De sa muse française il chante les beaux vers.
Mais cet ami des rois, qui regrettoit leur trône,
N'a point vu refleurir les lis de leur couronne;
Et celui qui chanta les douceurs de la paix,
Hélas! ne la vit point luire sur les Français.
Ah! si ma voix pouvoit, dans le royaume sombre,
Arriver jusqu'à toi, je dirois à ton ombre
Que nous apercevons l'aurore du bonheur;
Que la douce union, rentrant dans notre cœur,
Nous avons oublié la haine et la vengeance
Qui déchiroient jadis le beau sein de la France;
Qu'il n'est plus de discorde, et qu'enfin, sous Louis,
Après tant de malheurs, nous sommes réunis.
Tu te réjouirois d'une époque aussi belle,
Et la célébrerois sur ta lyre immortelle.
Que dis-je? tu passas le fleuve des enfers:
Hélas! aux sombres bords on ne fait plus de vers.

Continuons le cours de notre long voyage.
Je vois encore ici la verdure et l'ombrage :
La Roche, en m'écartant, je ne t'oubliois pas,
Et ton site n'est point à mes yeux sans appas.
Respirons un moment sous la saussaie épaisse
Où j'allois à l'affût, au temps de ma jeunesse.
Que de grives alors, vers le déclin du jour,
Descendirent aux bois du ténébreux séjour!

Dieu! quel plaisir c'étoit de voir leur arrivée,
De les suivre de l'œil sur la branche élevée,
D'ajuster aussitôt le meurtrier canon,
Et d'envoyer chanter ces oiseaux chez Pluton!
Mon sac les recevoit : ma mine triomphante
Annonçoit au logis ma victoire innocente.
Le guerrier qui couvrit la campagne de morts,
N'est pas plus orgueilleux que je l'étois alors.
Cependant du souper l'heure bientôt s'approche,
Je fais dresser la table et vois tourner la broche;
J'arrose avec plaisir le petit animal,
Et j'offre à ma famille un modeste régal.
Que cet âge est heureux! il m'en souvient encore:
Hélas! du vrai bonheur je n'ai vu que l'aurore.
Beaux lieux, chers à mon cœur! j'aime à vous parcourir,
Et vous m'offrez encore un autre souvenir :
Cette élévation couverte de verdure, *
Sans doute d'un Romain cache la sépulture:
C'étoit l'usage alors, et ces fameux vainqueurs
Rendoient à leurs héros ces funèbres honneurs.
Ah! pourquoi donc quitter les rivages du Tibre,
Et venir de si loin pour vaincre un peuple libre?
Il laissa sa dépouille aux vieux champs des Gaulois,
Et n'eut point la douceur de mourir sous ses toits:
Personne n'a versé de larmes sur sa tombe.
Ainsi, bien loin des siens, le conquérant succombe;
Oublié pour toujours, infortuné guerrier,
Il achète bien cher un funeste laurier:
Triste réflexion, qui fait que je m'arrête.
Mais reprenons encor notre douce palette.

* Monticule dans la prairie de la Roche, appelé vulgairement *puy de la Motte.*

Sarliève, sur la droite, étend son tapis vert;
Il ne fut autrefois qu'un humide désert.
De ce marais malsain en changeant la figure,
L'art, par ses longs travaux, épura la nature.
Que n'entreprendroit pas l'imagination,
Qui corrige les lois de la création!
De ce qui fut jadis une mare inutile,
L'homme souvent fait naître une terre fertile.

   Plus loin, un puy fameux, que l'on nomme Crouel,
Aux yeux du voyageur paroît un vaste autel;
Il s'élève au milieu d'une campagne immense:
Qui sait comment sa masse en ces lieux prit naissance?
D'où vient de ses rochers le bitume noirci?
Le brûlant Phlégéton sortiroit-il d'ici?
Son sein a-t-il caché des flammes souterraines?
Quelque feu mal éteint échauffe-t-il ses veines?
Autrefois je montois sur son sommet pierreux,
Et je croyois alors escalader les cieux;
C'étoit dans l'heureux temps de mes douces études:
J'aime à me retracer mes jeunes habitudes.
C'est là que j'apprenois mon Virgile parfois,
En scandant ses beaux vers à l'aide de mes doigts.
Je t'adresse les miens, petit mont remarquable
Qu'environne Bacchus de son pampre agréable.

   A quelques pas d'ici j'admire Pérignat,
Assis gaîment au pied du grand Gergovia.
Avant que de gravir cette antique montagne,
Respirons encor l'air de la belle campagne.
Pérignat, viens chercher une place en mes vers:
Tu veux être caché sous mille arbres divers;
Mais, au doux bruit de l'eau dont j'entends le murmure,
Mon œil sait te trouver à travers la verdure.

J'aime de ton château le romantique aspect;
Son antique donjon m'inspire le respect:
La Belle au bois dormant, dans cet asile sombre,
Revient à ma pensée, et je crois voir son ombre.
Occupons-nous des faits qui, non loin de tes bords,
Marquèrent des guerriers les illustres efforts.
Autrefois, dans ces lieux où sourit la nature,
Mars désola la terre et flétrit sa parure.
Combien d'ans ont coulé depuis qu'il effraya
L'oréade craintive au mont Gergovia!
Gergovia! ce nom retrace en la mémoire
Des vaillans Auvergnats l'intéressante histoire.
Là, peut-être une ville élevoit ses hauts murs
Dans ces vieux temps couverts de nuages obscurs;
Là, peut-être la chèvre, en broutant la verdure,
Foule aux pieds des héros l'antique sépulture.
Le voilà donc ce mont que virent les Romains!
Tout me rappelle ici des souvenirs lointains,
Et Vercingentorix, et César, et la Gaule.
Je crois y voir encor les fils du Capitole,
Après avoir tenté d'inutiles combats,
Vaincus par nos aïeux, retourner sur leurs pas;
Je crois voir de leur sang la terre encor rougie:
C'est là que triompha l'amour de la patrie!
Tout ici m'intéresse, et ce grand souvenir
En humectant mes yeux, me porte à réfléchir.
  Près de là Mont-Rognon à mon esprit présente
De ses antiques tours la ruine imposante.
Si l'on en croit l'histoire, on dit que de César
Sur son sommet jadis a flotté l'étendart;
Que de cette hauteur, ce fameux capitaine
De ses vastes regards embrassoit notre plaine,

Méditoit la conquête et le joug des humains :
Heureux s'il n'eût jamais asservi les Romains !
Heureux si, satisfait, rassasié de gloire,
Sur lui-même il eût pu remporter la victoire !
Où ne conduis-tu pas, fatale ambition ?
César, chargé d'honneur, passa le Rubicon,
Et ne respectant plus les murs sacrés de Rome,
Dès qu'il les eut franchis, cessa d'être grand homme.
 Qu'aperçois-je là-bas, caché presqu'à mes yeux ?
Clermont, je te devine, ornement de ces lieux,
Et je crois découvrir ta belle cathédrale :
C'est là qu'en d'autres temps remplissant une stale,
J'implorois le secours de la Religion,
Pour être raffermi dans ma vocation ;
Mais j'étois destiné pour les longues alarmes :
Le Ciel me vit changer mon doux froc pour les armes.
J'oubliai ce grand chœur et ces sombres vitraux,
Ces nuages d'encens montant sous ces arceaux,
Ces longs piliers sans fin, pleins de délicatesse,
Qui portent vers le ciel leur noble hardiesse,
Ouvrage du vieux temps et chef-d'œuvre immortel,
Par son riche travail digne de l'Éternel.
J'oubliai de ses tours la sublime merveille :
Le bruit sourd de l'airain frappe encor mon oreille.
N'achèvera-t-on pas ce divin monument ?
Il faudroit à sa nef plus de prolongement ;
Et l'œil triste, au milieu des beautés qu'il contemple,
Voit qu'il manque un portique à cet auguste temple.
C'est là que j'entendois ces chants religieux
Qui, portant la prière à la voûte des cieux,
Dans des temps encor loin des malheurs de la guerre,
Demandoient au Très-Haut le bonheur de la terre.

Ah! ne retraçons pas ce pieux souvenir.
Cependant sur Clermont je ne saurois tarir;
Et variant toujours mes douces promenades,
Son nom va me conduire au siècle des croisades.
J'aime à me rappeler que ce fut dans son sein
Que jadis, pour venger notre culte divin,
Pour la première fois on jura de combattre,
Dans les champs de Sion, le profane idolâtre.
Il semble que je vois ces nobles chevaliers
Portant tous une croix sur leurs habits guerriers,
Déployer la bannière, et, Bouillon à leur tête,
Marcher en assurance à la sainte conquête.
Je vous vois, vieux Français, dans ces lointains climats,
Pour la gloire du Christ affronter le trépas,
Répandre votre sang auprès de ce calvaire
Où de notre salut s'accomplit le mystère.
Mais, sans aller chercher des souvenirs si hauts,
Clermont possède encor des titres assez beaux :
Oui, pour être à jamais la gloire de la France,
C'est assez qu'à Pascal il ait donné naissance;
Et s'il falloit encor lui chercher de l'éclat,
N'a-t-il pas, pour les lois, produit le grand Domat?
Nous lui devons aussi, bien digne de mémoire,
Celui qui de l'Auvergne a recherché l'histoire;
Qui, du grand tiers-état en soutenant les droits,
A prouvé qu'il étoit nécessaire à nos rois;
Aux États-généraux qu'il régloit la balance,
De la crosse et l'épée en bornant l'influence :
Qui ne connoîtroit pas l'illustre Savaron?
Thomas mérite encor que l'on cite son nom.

Mais un doux lieu m'invite à peindre sa verdure :
Belles, venez ici ranimer ma peinture;

Du brillant cours Sablon vous faites l'ornement,
Et de sa promenade augmentez l'agrément.
Sablon, que quelques vers passant la rive noire
T'apprennent que Clermont conserve ta mémoire,
Qu'à l'ombre chaque-jour on bénit tes travaux,
Et qu'on pense à tes soins en voyant tes ormeaux.
Mais pourquoi toujours voir, outrageant la nature,
Le ciseau mutiler leur verte chevelure?
Doit-on, pour conserver leurs rameaux plus long-temps,
Retrancher de leurs bras les doux égaremens?
Je voudrois respecter leur libre fantaisie :
Faut-il donc les blesser pour leur donner la vie?
Hé quoi! dans leur croissance arrêter leurs progrès!
Les punir par le fer de leur ombrage frais!
N'est-ce point encor là des passions l'image?
Il faut régler leur cours dans le printemps de l'âge,
Calmer de notre cœur les désirs violens,
Et savoir à propos réprimer ses élans :
Ainsi que cet ormeau qu'un trop grand étalage
Eut peut-être envoyé border le noir rivage,
Châtié dans son cours, reprend de la vigueur,
Dans sa fougue arrêté, l'homme devient meilleur.

 Pourrois-je t'approcher, vieille place d'Espagne,
Sans aller sur tes bords admirer la campagne?
Malgré qu'on ait quitté tes antiques berceaux,
De Chantourgue toujours tu verras les côteaux.
Chantourgue! à ce doux nom le nectar de la treille
Me paroît pétiller dans la grappe vermeille;
C'est là que s'arrêtant, l'œil ardent de Phébus
Prend plaisir à mûrir les présens de Bacchus:
Sur son trône rougi, ce dieu semble sourire.
Voici bientôt le temps de l'aimable délire,

L'écho va retentir des chants des vendangeurs;
On concerte déjà les repas enchanteurs,
Les champêtres dîners, les douces promenades :
Que Chantourgue va voir d'agréables Ménades !
Cupidon va s'y rendre escorté des désirs ;
Bacchus, le thyrse en main, appelle les plaisirs.

 Passons à Saint-Allyre. Un pont dont la nature
A formé par les eaux l'étonnante structure,
Long ouvrage du temps, chef-d'œuvre de ses jeux,
Occupe les regards de tous les curieux.
Qui pourroit m'expliquer par quels secrets mystères
Se forment les amas de ces dépôts calcaires,
Et d'où vient la vertu de ce foible ruisseau,
Pétrifiant la feuille et le bois par son eau ?
Pour mes pinceaux encor s'il restoit de la place,
Que Royat dans mes vers souriroit avec grâce !
Que j'aurois de couleurs pour un site aussi beau !
Si je pouvois franchir les bornes du tableau,
Je dirois qu'en son sein, asile frais de l'onde,
J'aimerois à goûter l'entier oubli du monde,
L'oubli de la discorde et des inimitiés,
Des extrêmes partis, des froides amitiés,
De toute ambition, et de la sombre envie,
Qui fut dans tous les temps le poison de la vie.

 En plaçant la naïade en ce riant séjour,
Je dirois qu'une grotte est son humide cour,
Que l'argent de son eau de tous côtés s'échappe,
Ici gronde en filets, là présente une nappe,
Qu'on entend des oiseaux les concerts enchanteurs,
Et que l'onde partout s'enfuit parmi les fleurs.
J'ajouterois encor la fraîcheur de l'ombrage :
Là, je désirerois un petit ermitage ;

Je voudrois y couler des jours délicieux,
Et jouir du bonheur, s'il en est sous les cieux.
   Ensuite, poursuivant ma champêtre carrière,
Les flots me conduiroient au vieux moulin de pierre,
Où, cédant à leur poids, les cylindres tournans
De Cérès à grand bruit écrasent les présens;
J'irois sur l'autre rive où règne le silence,
Où la nature étale une agreste élégance.
L'esprit, près de ce lieu, trouve un grand souvenir:
Les greniers de César ici viennent s'offrir:
De ces dépôts anciens on voit, dit-on, la trace,
Et des grains tout noircis marquent encor leur place:
C'est là qu'il rassembloit les trésors des sillons,
Épuisoit les guérets pour ses fiers bataillons;
C'est pour lui que jadis la plaine fut semée,
C'est là qu'il nourrissoit son innombrable armée,
Et s'emparant des fruits du bon cultivateur,
Accabloit nos aïeux du poids de sa grandeur.
J'irois encore errer dans ces vertes prairies
Qui flattoient à Saint-Marc mes jeunes rêveries;
Je m'abandonnerois au cours du clair ruisseau
Qui baigne, en serpentant, ces beaux lieux de son eau.
Saint-Victor, je verrois ta douce solitude,
J'irois y promener ma tendre inquiétude;
Et suivant les sentiers de ce pays fleuri,
Je pourrois en passant admirer Mont-joli.
   En peignant la campagne et les lieux de plaisance,
L'Oradoux vient s'offrir à ma réminiscence;
Le murmure des eaux et Zéphire à la fois
M'invitent à rêver à l'ombre de son bois:
Le doux recueillement et la fraîcheur y règnent,
Dans l'eau de toutes parts les dryades se baignent.

Que j'aime de ce lieu le sombre demi-jour!
De la mélancolie il est le doux séjour.
Par ses longs roulemens et sa molle cadence,
La seule Philomèle interrompt le silence;
Elle aime à répéter ses douloureux accens :
Petit oiseau, tu plais en attristant nos sens;
Écho rèdit au loin ta musique touchante.
Fuyant de l'œil du jour l'influence brûlante,
La napée, endormie en ces ombrages verts,
Attend que je l'éveille au récit de mes vers.
Trop d'uniformité déplaît dans les images:
Mes vers assez long-temps ont décrit les bocages;
S'ils ont quelque douceur, Clermont, je te les dois:
C'est dans ton beau collége, où sans doute autrefois,
Sous des maîtres savans qui m'expliquoient Virgile,
Je pris le goût que j'ai pour les vers de Delille.
Je vois encor ces jours où, sans être guerrier,
Ma tête jeune encor fut ceinte d'un laurier;
Le fifre et le tambour, dans ces jours de conquête,
Annonçoient la victoire et servoient de trompette.
O jours du vrai bonheur! qu'êtes-vous devenus?
Depuis cet heureux temps, que de momens perdus!
Fatigué des combats, je regrette la gloire
Que versoit sur mon front le grand prix de mémoire.

 Reprenons un moment nos champêtres crayons;
Je ne puis me lasser de ces beaux environs.
Clermont offre au dehors un coup d'œil admirable!
L'étranger est ravi de son site agréable;
Il nous présente aussi, dans le sein de ses murs,
Des chefs-d'œuvres nouveaux; et les siècles futurs
Admireront encor son théâtre superbe,
Quand mille autres seront ensevelis sous l'herbe.

On distingue de même un vaste bâtiment,
Pour le commerce enfin utile monument :
O merveille que l'œil avec plaisir contemple !
Avant peu, dans Clermont, Omphale aura son temple.

   Mais de ce lieu laissons achever la beauté,
D'ici j'entends gémir la pauvre humanité.
Comment peindre ces toits, asile des souffrances,
Où la Charité veille en des salles immenses,
Où l'indigence obtient quelques soulagemens,
Où la pitié soupire au milieu des tourmens !
Honneur vous soit rendu, Vestales généreuses
Qui vivez dans ces murs, et vous trouvez heureuses,
Prodiguez tant de soins sur le lit du malheur,
Et versez sur les maux le doux baume du cœur !
Honneur encore à vous, Esculapes habiles,
Qui conjurez la Mort planant sur ces asiles,
De vos mains écartez le tranchant de sa faux,
Et dérobez souvent les humains aux tombeaux !
Pauvres, consolez-vous, la douleur est commune,
Et la santé toujours ne suit pas la fortune :
Sous les lambris dorés, ainsi que sous vos toits,
La fièvre fait pâlir les bergers et les rois.

   Toi qui remplis encor ces lieux de ta présence,
Dont on ne peut citer le nom sans révérence,
Bonnet, permets qu'ici je rappelle ces temps
Où dans l'amphithéâtre instruisant tes enfans,
Tu leur montrois du corps la belle économie,
Et dévoilois aux yeux le secret de la vie ;
Tu paroissois scruter l'œuvre du Créateur ;
Mortel, tu jugeois l'art de l'immortel Auteur.
Hélas ! rien n'est sacré pour la Parque inhumaine :
De tes jours précieux elle a rompu la chaîne.

Sans doute que ton ombre, errante dans ces lieux,
Se plaît à voltiger autour des malheureux,
Aime à guider encor cet acier salutaire
Qui souvent, pour guérir, fait un mal nécessaire.
Quoi! celui qui savoit maîtriser la douleur,
Ne vit donc aujourd'hui qu'au fond de notre cœur!

 Muse, quittons ces murs où souffre la nature;
Égayons notre esprit par une autre peinture.
Clermont, je vanterois de tes eaux la fraîcheur;
Mais je dois ménager mon temps et ma couleur.
Cependant je ne puis te passer sous silence,
Fontaine où le cristal de tous côtés s'élance,
Dont les tubes nombreux, dans un nouveau bassin,
Répandent à grands flots les trésors de ton sein;
Et je demanderai, n'en déplaise au génie,
Pourquoi le genre antique au moderne s'allie,
Et pourquoi des vieux jours l'anguleux monument
Dans un vase arrondi se trouve injustement?
Je crois entendre encor la naïade plaintive
Murmurer en versant son onde fugitive :
Elle semble gémir dans ce cercle nouveau,
Et toujours regretter son gothique vaisseau.

 Pendant que sur les arts sans appel je décide,
Je crois voir s'élever la noble pyramide;
J'admire avec respect cet ornement fameux;
Sa flèche, en s'élançant vers la voûte des cieux,
Présente à l'Éternel, dans une urne funèbre,
Les restes de Desaix, de ce guerrier célèbre,
Qui passant chez les morts des champs de Maringo,
A payé de sa vie un triomphe aussi beau.
D'un modeste héros, salut! cendres sacrées!
Salut! fils de l'Auvergne, honneur de ces contrées!

Près de Turenne, assis dans un bois de lauriers,
Daigne agréer les pleurs de l'ami des guerriers.
 Mais sortons de la ville, et reprenons haleine.
Parois, fier Montferrand, au milieu de la plaine :
Chez toi régna Bellone, et j'aperçois encor
Les augustes débris de ton antique fort.
Autrefois tes remparts n'inspiroient que la crainte;
Dégagé maintenant de ta terrible enceinte,
Tu planes librement sur les lieux d'alentour,
Et Mars a déserté ce champêtre séjour.
Là, sur un trône uni, Cérès est souveraine.
Mon œil ne peut suffire à cette vaste scène.
La nature en ces lieux, étalant les moissons,
Ombrage tous les ans leurs fertiles sillons.
Le laboureur actif, en ce bassin immense,
Présente à nos besoins des greniers d'abondance.
Eh! qui pourroit compter le nombre des hameaux
De tous côtés formant les plus riches tableaux?
Aux champs de l'infini l'horizon se prolonge,
Les cieux touchent la terre, et le Marais s'allonge.
 Châteaugai, sur la crête où tu montres ton front,
Te voir sans te nommer seroit te faire affront;
Ayant d'un beau côteau le salubre avantage,
Tu domines gaîment sur ce grand paysage.
Quelle cause, dis-moi, jadis, sur ta hauteur,
Pendant sept ans de suite appela le malheur?
Le Ciel voulut-il donc, pour te réduire en poudre,
Seulement contre toi faire éclater sa foudre?
Tu te souviens encor du long deuil de tes champs,
De ces grêlons affreux qui te brisoient les flancs,
De tes cultivateurs, dans ces momens d'alarmes,
Portant chez leurs voisins leur misère et leurs larmes.

Puisse mille ans le Ciel, avare de rigueurs,
Réparer tant de maux en t'offrant ses faveurs!
Que Cérès et Bacchus, prodigues de richesses,
Te consolent toujours par leurs douces largesses?
　Pourrois-je t'oublier dans ma description,
Toi, fleur de la Limagne, agréable Riom,
Siége auguste et savant de la jurisprudence?
Chez toi Thémis se plaît à tenir sa balance.
De tes murs sont sortis d'illustres citoyens :
Et dans le temps moderne, et dans les temps anciens,
Au souverain fidèle, utile à la patrie,
Plus d'un grand magistrat chez toi reçut la vie.
Que ne dirois-je pas de tes beaux alentours,
S'il ne falloit enfin borner ici mon cours!
Depuis assez long-temps je fatigue ma muse,
Et du lecteur peut-être aux dépens je m'amuse.
　Achevons cependant le cadre du tableau :
Je vois le Puy-de-Dôme assis sur son plateau;
Son pic majestueux, en élançant sa tête,
Semble affronter les cieux et braver la tempête.
Mont célèbre, salut! tu mérites vraiment
D'avoir donné ton nom à ce département.
En te voyant de loin, le voyageur s'étonne;
L'Auvergne est à tes pieds, et le ciel te couronne;
Au-dessus du tonnerre et du feu de l'éclair,
Sur ton sommet jadis un savant pesa l'air.
Il me semble le voir, sur ta cime chenue,
Le baromètre en main, interroger la nue,
Et par la pression du subtil élément,
Établir de son poids l'invincible argument.
Sur tes flancs caverneux, lorsque la foudre gronde,
Il semble que j'entends les orages du monde,

L'affreux choc des combats, le choc des passions,
Les humains se heurtant dans leurs divisions.
Mais lorsque d'un beau jour tu vois naître l'aurore,
Des feux de l'orient quand ton front se colore,
Pure image du calme et de la douce paix,
Je crois voir le bonheur souriant aux Français.
Puissent-ils, trop long-temps battus par la tempête,
Goûter du port des Lis la tranquille retraite,
Et mettant à profit la leçon des revers,
Replonger à jamais la Discorde aux enfers !
Puissent-ils désormais, à l'abri de l'orage,
Dans le sein du repos réparer leur naufrage,
D'un voyage pénible oublier les erreurs,
Et pour lauriers enfin ne cueillir que des fleurs !

Adieu, Muse, il est temps de borner ma carrière;
Déjà le blond Phébus fait pencher sa lumière.
Je te quitte à regret, charmant puy de Monton.
Demain, lorsque son char dorera l'horizon,
Tu me verras encore, amant de la nature,
Venir sur ton sommet admirer sa parure.

C'est ainsi qu'à Monton, où le sort m'a placé,
Je trompe mes ennuis et vis dans le passé.
Près des lieux où jadis a coulé ma jeunesse,
Mes souvenirs, hélas! sont toute ma richesse;
Planant sur la campagne, et ne possédant rien,
Le plaisir de la peindre est mon unique bien :
Heureux si les couleurs de mon humble palette
Ajoutoient une rose à sa riche toilette !

FIN.

MES REGRETS,

ÉLÉGIE.

Arbres que j'ai plantés, petite maisonnette
Qu'embellirent mes mains, combien je vous regrette!
Je jouissois déjà du plus heureux destin :
J'avois petite cour avec petit jardin,
Petit bosquet, où chante aujourd'hui la fauvette :
Tout sembloit me sourire en ma douce retraite.
J'avois quelques amis, j'avois un peu de bien ;
Eh! que n'avois-je pas? aujourd'hui je n'ai rien.
Phébus, en répandant les flots de sa lumière,
N'éclaire plus mes champs dans sa vaste carrière.
Il dore tous les jours les lieux de mon berceau,
Sans qu'il m'y reste, hélas! six pieds pour mon tombeau.
J'invoque le secours de la philosophie,
Pour m'aider à porter le fardeau de la vie.
Inutiles efforts! depuis qu'un sort cruel
M'éloigna pour jamais du foyer paternel,
Je gémis tous les jours, et, dans mon humeur sombre,
Je ne vois que mon bois, sa fraîcheur et son ombre,
Mes cytises fleuris, mes verdoyans ormeaux
Et mes acacias, et tous mes arbrisseaux ;
Je crois pendant les nuits entendre le murmure
De Zéphire agitant leur molle chevelure :
Je respire son souffle en mes rêves brûlans,
Et ne sens au réveil que chagrins accablans.
Hélas! je savois bien, comme le dit Horace,
Qu'il falloit tôt ou tard abandonner la place,

Laisser là ses amis, sa terre et sa maison....
Mais je n'ai point joui de ma belle saison.
Après avoir payé le tribut au jeune âge,
Je m'étois préparé la retraite du sage ;
Loin de l'ambition et de tout songe vain,
Je voyois le bonheur naître dans mon jardin,
Lorsque des créanciers la cohorte incivile
M'a ravi les douceurs de mon champêtre asile.
Adieu tous les projets d'un fortuné repos!
Adieu donc pour jamais l'ombre de mes berceaux!
Il fallut tout quitter, mes ormeaux, ma charmille,
Et de mes tendres fleurs l'odorante famille.
J'abandonnai mon toit, et, les larmes aux yeux,
Je laissai pour toujours les champs de mes aïeux.

 Depuis ce temps, six fois j'ai vu jaunir nos plaines :
Chaque moisson ne fait qu'ajouter à mes peines.
Je n'entendrai donc plus le sultan de ma cour
Réveiller son sérail à l'approche du jour!
Moins heureux que mon chien, domestique fidèle,
Qui mourut dans les murs dont il fut sentinelle,
Je vis, et ne sais pas où le vent du malheur
Doit transporter ma cendre et finir ma douleur.

 Mais avant qu'au néant je rende ma poussière,
Au Ciel j'adresserai mon ardente prière.
Oubliant l'infortune et mes nombreux soucis,
Le dernier de mes vœux sera pour mon pays,
Et je fermerai l'œil avec moins de souffrance,
Ayant vu le bonheur luire enfin sur la France.

www.ingramcontent.com/pod-product-compliance
Lightning Source LLC
Chambersburg PA
CBHW070703050426
42451CB00008B/472